«Hello! Mon nom est Joseph Mallord William Turner. Je suis Anglais, né à Londres le 23 avril 1775. Mon père est barbier-perruquier. Il m'encourage à dessiner et dit à tous ses clients: «Un jour mon fils sera peintre!». Il avait raison. À 12 ans, j'expose déjà mes premiers dessins dans sa vitrine. J'étudie à la Royal Academy où je deviens professeur. Je voyage à travers l'Europe pour dessiner la beauté des architectures et des paysages. Je me promène toujours avec un carnet de **croquis** en poche mais je n'aime pas qu'on regarde par-dessus mon épaule quand je dessine, cela me déconcentre. Je m'entête à peindre la nature et ses drames: avalanches, tempêtes ou incendies. J'admire tout autant le progrès, l'invention des locomotives et des bateaux à vapeur. Je travaille, sans relâche, pendant 60 ans et je deviens riche et connu. Mais je préfère m'isoler à Chelsea, le quartier industriel de Londres où je vis incognito. Parfois, je me fais passer pour un amiral, le «captain Booth». Je lègue une partie de ma fortune à de pauvres artistes. Beaucoup de peintres, dont les impressionnistes, sont influencés par mon travail et mes recherches. Mon secret? Contempler la lumière du soleil.»

Croquis: dessin rapide traçant les grands traits d'un paysage, d'un visage...

WHISTLER 1834-1903

« J'aime beaucoup ma mère que je peins dans un décor aux tons gris. »

Tu   nior

es

e   ıaux

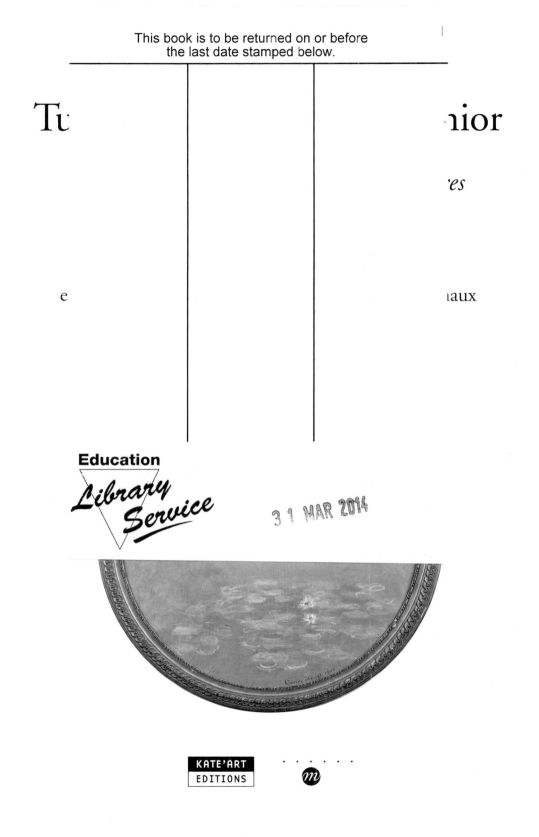

KATE'ART
EDITIONS

m

TURNER 1775-1851

«J'aime peindre les catastrophes.»

«How do you do? Je suis James Abbott McNeill Whistler, Américain, né dans le Massachusetts le 11 juillet 1834. À 9 ans, nous partons rejoindre mon père qui construit le chemin de fer en Russie. En route, nous visitons Londres. Je me souviens des promenades sur le fleuve de la Tamise à la lumière des étoiles.

De là, j'écris à mon père: «Un jour, j'aimerais devenir peintre». De retour aux États-Unis, je rentre dans l'armée à West-Point où j'apprends à graver des cartes géographiques. À 21 ans, je quitte définitivement mon pays natal pour vivre entre Paris et Londres. Mes amis sont peintres ou poètes, mais je me dispute souvent avec eux. Le Tout-Londres parle de moi. On dit que mes toiles ressemblent à «un pot de peinture jeté à la face du public». Mais derrière mon monocle, j'ai de l'humour. Je décore ma maison en rose, bleu ou or. Tous les dimanches, j'organise des grands déjeuners mondains. Je voyage jusqu'au Chili, en Amérique du Sud. Sur les traces de Turner, je séjourne à Venise. À 55 ans, je me marie avec Béatrice avec qui je suis très heureux. Le peintre français Claude Monet devient mon ami. Je fais reconnaître la nouvelle peinture française, appelée Impressionnisme, en Angleterre.»

MONET 1840–1926

«J'aime peindre en plein air.»

«Bonjour, je suis Claude Monet. Je suis Français, né à Paris le 14 novembre 1840. Je passe mon enfance au Havre, un port de Normandie. Je peins en plein air sur les plages ou dans les champs mais mes premiers dessins sont des **caricatures** que je vends aux journaux. Grâce à ce travail, je paie mes études à Paris. Je rentre à l'Académie Gleyre où était passé James Whistler. J'ai deux fils, Jean et Michel. Fuyant la guerre, je me réfugie à Londres en 1870 où je découvre les œuvres de Turner qui m'impressionnent. À mon retour, je m'installe le long de la Seine, près de Paris. Je transforme un bateau en atelier flottant et je peins un même sujet plusieurs fois. Ce sont mes «séries»: gares, champs de coquelicots, meules, cathédrales ou vues de fleuves. Après avoir été dans la misère, je vends mes tableaux et au fur et à mesure que je deviens connu, ma barbe pousse et blanchit. Je suis gourmand et j'aime jardiner. J'achète une maison à Giverny où j'aménage un beau jardin. Sur les traces de Turner, je séjourne plusieurs fois à Londres et à Venise. Dans mon atelier, je continue de peindre de mémoire même si, à mon grand malheur, je perds petit à petit la vue.»

Claude Monet

Caricature: portrait dont les traits sont exagérés de manière humoristique.

LUMIÈRE

Quelle belle lumière! Turner peint un paysage baigné d'une lumière aveuglante. On aperçoit à peine les arbres sur la colline et la rivière ruisselante vers la baie. Le tableau est-il achevé? Turner mélange ses couleurs chaudes sur la toile en frottant au chiffon parfois en rond, en ligne droite ou en zigzag.

Observe comment Turner peint la lumière.

Des dizaines d'années après la mort du peintre, le tableau est exposé à Paris. À l'époque, Monet est un peintre reconnu et déjà, le public compare leurs tableaux.

Le rude hiver a gelé les rivières, lorsqu'un matin, un étrange phénomène naturel survient. Le dégel soudain provoque des inondations et le fleuve déborde. Des glaçons isolés flottent, tels des nénuphars. Comme Turner, Monet utilise des tons chauds, comme Whistler, un seul ton harmonise la composition.

Compare le paysage de Monet à celui de Turner.

Quels tons Monet et Turner ont-ils choisis pour l'harmonie de leurs tableaux?

rose	jaune	ocre	violet
saumon	blanc	bleu	vert

TEMPÊTE

Au large, la chaloupe «Ariel» est en difficulté. La roue à palettes du bateau à vapeur s'active tant bien que mal. Elle tente de rejoindre le port. Dans un tourbillon d'eau et de fumée, la neige tombe en rafale. Le drapeau flotte. S.O.S.! On fait des appels de détresse. Le peintre Turner raconte qu'il s'est fait attacher au mât du bateau pour vivre la furie de la tempête. Quel tempérament!

Observe la tempête peinte par Turner et celle peinte par Monet. Laquelle te semble la plus dramatique?

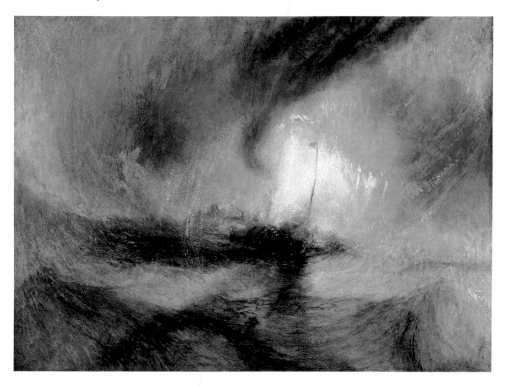

De l'autre côté de la Manche, le ciel s'assombrit. La tempête s'est levée. D'énormes vagues déferlent sur la plage d'Étretat, en Normandie. Elles se fracassent contre la falaise. La mer est démontée. Malgré le vent qui arrache la palette et le pinceau des mains du peintre, Claude Monet peint au loin, un bateau. L'aperçois-tu?

 À ton tour, dessine une tempête en mer.

TRAIN

Il pleut sur la campagne anglaise. Entre deux viaducs enjambant le fleuve de la Tamise, une barque de pêcheurs flotte au fil de l'eau. Quand soudain, sortant de nulle part, une locomotive, lancée à vive allure perce la pluie et la vapeur dans un vacarme infernal. Un lièvre détale. Turner représente le train Londres-Bristol, fierté de la vie moderne, qui en 4 heures, passe sous 7 tunnels et 200 ponts. On n'arrête pas le progrès!

Partout où le train passe, la population acclame le nouveau moyen de transport: «Vive le train!». La première ligne de chemin de fer est construite en 1825 en Angleterre pour faciliter le transport des marchandises provenant des mines. Bientôt, les wagons emportent les voyageurs de ville en ville.

Bien plus tard, Claude Monet peint, à sa manière, le même sujet que William Turner.

Compare les deux trains traversant un pont. Lequel te semble le plus rapide?

VAPEUR

« Argenteuil, Le Havre. En voiture ! » Sous le vaste hangar d'acier et de verre de la gare Saint-Lazare à Paris, les locomotives sont prêtes à partir. Aux sons des coups de sifflets, les cheminots enfournent à grandes pelletées le charbon dans le foyer. D'énormes volutes de fumées embrument le terminus. Le peintre Monet est fasciné par le jeu du soleil dans la vapeur. On raconte qu'un jour, le peintre demanda au chef de gare de retarder le départ d'un train d'une demi-heure, la lumière étant tout simplement plus belle à cette heure de la journée.

À la fin du 19ᵉ siècle, on veut produire plus et plus vite. La vapeur est une énergie qui permet aux machines industrielles des usines de répondre à ces nouveaux besoins. C'est la révolution industrielle. Pour obtenir de la vapeur, on chauffe de l'eau avec du charbon qui se consomme moins vite que le bois. Le charbon est extrait des mines puis acheminé par bateaux. Les déchargeurs débarquent des péniches de lourds sacs de cet «or noir» sur le dos.

Comme Monet, dessine une locomotive à toute vapeur.

SMOG

Depuis quelques temps, une étrange atmosphère flotte sur Londres. Le *smog,* mélange de brouillard et de fumées d'usines, chargé de *suie* de charbon, plane sur la ville. On y voit à peine, on tousse et beaucoup d'habitants tombent gravement malades. Mais ce sont ces variations atmosphériques aux effets visuels sublimes que les trois peintres veulent fixer sur leur toile.

À son tour, Monet se rend à Londres pour peindre le mystérieux *smog*. Mais que voit-il? Un fantôme? La tour Victoria du nouveau Parlement de Londres, apparaît et disparaît, noyée dans un nuage opaque. Quelle heure est-il à l'horloge de Westminster? L'artiste français peint près de 85 vues de Londres.

Smog: *vient du mot anglais «smoke», la fumée et «fog», le brouillard.*
Suie: *déchets noirs provenant de la combustion incomplète du charbon que la fumée transporte.*

Replace chacun des détails dans son tableau.

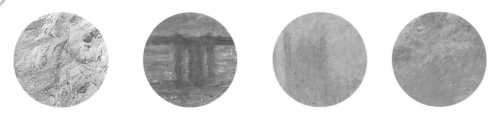

CLAIR DE LUNE

Au clair de lune, Whistler peint, telle une *estampe japonaise*, le vieux pont en bois de Battersea qu'il voit de sa fenêtre. James, le magicien, jette un sort: «Poudre d'or, éclaire la nuit d'un feu d'artifice!»

Estampe japonaise: image à la ligne pure gravée et imprimée sur papier. À la mode à l'époque, Whistler et Monet les collectionnent.

Sur le cadre doré, un insecte s'envole. James Whistler donne un titre musical à ses tableaux: *Symphonie en blanc, Arrangements en vert et violet...* et les signe dès le début de la composition en y dessinant un papillon à partir de ses initiales J.W.

Retrouve la signature du peintre, écris tes initiales et imagine un dessin à partir des lettres.

....

Donne un titre musical à ce tableau.

BLEU

Ce soir, tout est bleu à Londres. Whistler habite non loin de la maison où vécut Turner. Mais depuis, le paysage a changé, on ne voit plus qu'une rangée de bâtiments industriels dégageant des odeurs pestilentielles. Alors, le peintre américain recherche la beauté de la vie moderne. Il peint, efface et repeint les couleurs pour trouver celle de la nuit. En dessous du bleu, Whistler applique une couche de couleur rouge. La perçois-tu ?

Que vois-tu dans ce paysage de nuit ?

Cependant, outre-Manche, Claude Monet peint, loin de la ville, le long fleuve tranquille de la Seine. Sens-tu la brise légère?

Dessine en bleu un paysage d'usines aux cheminées fumantes. N'y trouves-tu pas de la poésie?

REFLETS

Le soleil se couche sur le fleuve. Bientôt, la nuit va tomber. Le crépuscule orange est écarlate. Le soleil jaune vif se reflète en zigzag sur l'eau. Au loin, on distingue à peine un pont et la silhouette d'une ville. Sur le rivage, deux chevaux attelés à une carriole attendent. William Turner est loin de chez lui. Il peint à l'*aquarelle* sur un papier de couleur. Où est-il ? En France ? Sur le bord du Rhin ? Ou peut-être à Prague ?

Aquarelle : peinture à l'eau légère et transparente.

Soleil jaune, soleil orange? Le jour se lève sur le port du Havre. Les bateaux de pêche sortent en mer. Les reflets du disque solaire scintillent et vibrent sur les vaguelettes. Entends-tu le doux clapotis de l'eau? La journée s'annonce calme. Claude Monet peint «Impression, soleil levant» qu'il expose en 1874. Ce célèbre petit tableau donne son nom à l'*Impressionnisme*.

Impressionnisme: un critique d'art appelle les peintres de l'exposition de 1874, «impressionnistes», pour se moquer de leur façon «inachevée» de peindre. Ces artistes veulent, comme Claude Monet, fixer la lumière sur leurs toiles en peignant des petites virgules spontanées de couleur. Souvent, ils travaillent en plein air.

Compare le tableau de Turner à celui de Monet, l'un à l'aurore et l'autre au crépuscule.

VENISE

Durant sa vie, Turner se rend trois fois à Venise, la Cité des Doges. Cette ville mystérieuse, aux reflets nacrés, envoûte les artistes. Elle inspire poètes, peintres et musiciens. Lors de son dernier séjour en 1840, Turner réalise des vues depuis son hôtel. Il peint les embarcations autour du bureau de la douane maritime, la Punta della Dogona. Au loin, sur une petite île, on distingue le dôme et le fronton de l'église San Giorgio Maggiore construite au 16e siècle par l'architecte Palladio et la tour du *campanile*.

Quel magnifique panorama! Découvre Venise au coucher du soleil. Retrouve la douane maritime, l'église de San Giorgio Maggiore et son campanile.

Campanile: clocher sous forme d'une tour isolée.

Les Vénitiens s'apprêtent au grand événement de l'année, le Carnaval. Les femmes en robe de soie, au masque de plumes et parées de bijoux sont accompagnées d'hommes élégants et mystérieux. Où se rendent-ils?

Imagine le Carnaval de Venise. Dessine des personnages costumés au bal masqué.

GONDOLE

Les gondoles noires et luisantes, glissent calmement sur la lagune de Venise, allant du Grand Canal aux palais, en passant par le pont des Soupirs. Les Vénitiens costumés attendent sur l'embarcadère l'une ou l'autre gondole: «Ohé gondolier! Rame jusqu'au bal masqué.»

Parmi ces embarcations, retrouve les gondoles de Venise. Qui a peint chacune d'elles? Est-ce Turner, Whistler ou Monet?

HIVER

Sur les bords de la Seine, près de Paris, l'hiver s'est adouci. La débâcle a commencé. Libérée de la glace, l'eau s'écoule et reflète les silhouettes des peupliers. Les barques encore couvertes de neige attendent sur la berge de glisser à nouveau sur les eaux. Une femme se penche pour remplir des seaux. Vois-tu d'autres personnages? Le peintre peint son tableau dans les tons gris, telle une *grisaille*.

Qui a peint ce tableau?

Grisaille: peinture utilisant différents tons de gris, du clair au foncé.

Observe les détails et replace-les dans le tableau.

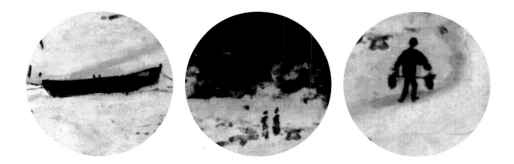

NYMPHÉAS

Voici l'été et ses féeries de fleurs et de couleurs. Dans son jardin à Giverny, Claude Monet réalise un tableau vivant. Il fait construire un pont japonais qui enjambe un tapis de fleurs flottantes. Un saule pleureur se penche sur les nymphéas, lotus blancs ou nénuphars roses. Pendant 27 ans, l'artiste peint son pont entouré de fleurs exotiques et de plantes se reflétant dans l'eau. L'horizon est bouché par la végétation qui envahit la toile.

Observe la photographie de Monet dans son jardin. Que remarques-tu de nouveau au pont?

Compare les deux ponts. Quelles différences vois-tu?

Texte et illustration: Catherine de Duve
Conception et réalisation: Kate'Art Editions & Happy Museum!
Relecture: Nadine Raes

Crédits photographiques:
© **Paris, Réunion des musées nationaux**
 H. Lewandowski, G. Blot/C. Jean, T. Le Mage, R. G. Ojeda
 Turner: *Incendie de Constantinople,* s.d.: couverture, p.2, *Confluent de la Severn et de la Wye,*
 ou *Paysage avec une rivière et une baie à l'arrière-plan,* vers 1845: p.8
 Whistler: *Arrangement en gris et noir n°1, ou la mère de l'artiste,* 1871: p.4, *Variations en violet
 et vert,* 1871: p.19, p.27
 Monet: *Londres, le Parlement. Trouée de soleil dans le brouillard,* 1904: *couverture:* p.16, p.17.
 Nymphéas, 1908: p.1, *Les Glaçons,* 1880: p.9, *Coquelicots, environs d'Argenteuil,* 1873: p.6,
 Portrait de l'artiste, 1917: p.7, *Grosse mer à Étretat,* 1868-69: p.11, *Le pont du chemin de fer à
 Argenteuil,* 1873: p.13, *La gare Saint-Lazare,* 1877: p.14, *Les déchargeurs de charbon,* 1875: p.15,
 Le Pont de Waterloo à Londres, 1900: p.17, *Bras de Seine près de Giverny,* 1897: p.21,
 Impression, soleil levant, 1872-1873: couverture, p.23, *Gondoles à Venise,* 1908-1909:
 couverture, p.26-27, *Plage d'Étretat,* 1883: p.27, *Les barques. Régates à Argenteuil,* 1874: p.27,
 Glaçons sur la Seine à Bougival, 1867-1868: p.28-29, *Bassin aux nymphéas: harmonie verte,*
 1899: p.30, *Bassin aux nymphéas: harmonie rose,* 1900: p.31
© **Londres, The National Gallery**
 Turner: *Pluie, Vapeur et Vitesse – Le grand chemin de fer de l'Ouest,* 1844: p.12
© **Londres, Tate**
 Turner: *Autoportrait,* 1799: p.3, *Tempête de neige – Un vapeur devant l'entrée du port fait des
 signes dans les haut-fonds et se dirige à la sonde. L'auteur était dans la tempête la nuit où l'Ariel a
 quitté Harwich,* 1842: p.10, *Le coucher de soleil écarlate: une ville sur un fleuve,* 1830-1840: p.22,
 La Dogana, San Giorgio, Zitella vus des marches de l'Europa, 1842: p.24, p.27
 Whistler: *Nocturne en bleu et or: le vieux pont de Battersea,* 1872-1873: p.18, *Nocturne en bleu
 et argent – Chelsea,* 1871: p.20
 Helleu: *James A. McNeill Whistler:* p.5

Remerciements à: Pierre Vallaud, Directeur de la RMN, Catherine Marquet, Directrice des
éditions RMN, Marie-Dominique de Teneuille, Responsable d'édition RMN, Anne Etchegoyen,
Daniel de Duve, Patricia d'Oreye, Benoît Sibille, Marie-Odile Stichelmans, Joséphine, Johanna,
Anne-Sophie et tous ceux qui ont participé à la réalisation de cet ouvrage.